El doloroso hostigamiento o acoso escolar. "Bullying"

Milagros Santiago Irizarry

Obsidiana Press

.

El doloroso hostigamiento o acoso escolar. "Bullying"

Milagros Santiago Irizarry

Obsidiana Press
www.obsidianapress.com

Introducción

Este, mi primer libro sobre *"**El doloroso hostigamiento y acoso escolar**"*, es un mensaje de amor y esperanza para los niños que sufren de dicho hostigamiento o acoso escolar (Bullying).

Lo mismo para padres y maestros quienes lo puedan compartir con sus hijos y estudiantes.

No sin dejar de mencionar a los *"**Acosadores**"* que tengan presente no hacerle a nadie lo que no le gustaría que les hicieran a ellos, ni a sus seres queridos, ni a nadie.

También en esta obra, las *"**Historias**"* han sido inspiradas en hechos reales. Los nombres, personajes y algunos detalles se han cambiado con fines creativos y para realizar una mejor narrativa. Igualmente, con algunos *"**Comentarios**"* que se han cambiado o presentado como *"Anónimos"*

Agradecimiento y dedicatoria

Primeramente, agradezco a Dios, por darme la vida, y el tiempo necesario para vivirla y comprartirla, especialmente con mi santa madre, ya fallecida; Doña Gregoria Irizarry Laboy, viuda de Santiago, por traerme a la vida y haberme dado todo el amor que pudo darme. A mi padre, Pedro Santiago Avilés, ya fallecido, por haberme inspirado a escribir versos, cuentos y a interesarme por la Literatura.

Gracias a mis tres hijos, por ser mi mayor inspiración y por ser las personas que más amo en la vida, sin 'Ellos' mi vida no tendría sentido: Gina Soto Santiago, Jairo A. Soto Santiago y Sindia I. Soto Santiago. A mis Nietos: Stephanie Duprey Soto, Samantha R. Duprey Soto, Sean M. Duprey Soto, Tiana C. Sworn Soto, Kaitlyn C. Soto Pérez, Jordan A. Soto Santos y Lyla Soto Rivera. También a mis dos nietos, (no consanguíneos) quienes amo tanto como a los biológicos: Matthew L. Nieves Santos y Isaías A. Nieves Santos. Mis Bisnietos: Fabian N. Acuna Duprey, Gabriel A. DelPolito Duprey, Carl A. DelPolito Duprey, Nicholas Johnson Duprey, Jabree Jackson Duprey, Adonis Hernández Soto y, por último, Jonah Rodríguez Soto. Gracias a mi compañero sentimental, Antonio Villegas

Texidor, por su ayuda incondicional, su paciencia y comprensión en los días más difíciles.

Mis nietos: Quienes colaboraron para la foto de portada del libro, dejándose tomar una hermosa fotografía como ejemplo de supervivencia. Son ellos, Melissa Batista Lozada —amiga de Matthew Nieves Santos— (defensora, en contra del acoso), Jordan A. Soto Santos (al centro, la víctima).

Sean M. Duprey Soto (Acosador), Matthew Nieves Santos (defensor, en contra del acoso).

Debo mencionar que ellos no tienen nada que ver con el acoso estudiantil. Los invité a posar para la portada y con mucho amor aceptaron.

Foto de portada: Milagros Santiago Irizarry

EL doloroso hostigamiento o acoso escolar ("Bullying")

Autora: Milagros Santiago Irizarry

Según algunos expertos: El hostigamiento y acoso estudiantil, puede ser físico, emocional, verbal, vía Internet o "Cyberbullying," el llamado "Bullying," puede ocurrir en cualquier plantel escolar, escuelas privadas, colegio o universidad. Mientras más grande sea el centro escolar, más grande será la posibilidad del confrontamiento. En la mayoría de los casos, la falta de control físico (violencia personal) y de vigilancia, hacen más posible que esto suceda.

Debería haber más personas que puedan vigilar los pasillos, los baños, el comedor escolar, frente a las escuelas; especialmente a la hora de salida del plantel, así se podría evitar, que los niños más vulnerables sean perseguidos o abusados por estos llamados "Acosadores Escolares."

Los colegios o escuelas, no deberían limitarse solamente a enseñar materias, pero sí, a enseñar sobre "Comportamientos Sociales."

Veamos cual es la diferencia entre Hostigamiento y Acoso Escolar.

Hostigamiento Escolar: En su mayoría, son comentarios

de manera indirecta o directa, entre alumnos; usando palabras desagradables o agresivas con la intención de humillar, amenazar o intimidar, con comentarios tales como: burlas, insultos, comentarios sexuales inapropiados o provocativos.

Acoso Escolar: Es una forma de violencia entre compañeros de clase en la que uno o varios alumnos molestan o agreden de manera constante y repetitiva a unos o varios compañeros de clase y fuera de la clase, especialmente a los más humildes, quienes no pueden defenderse de forma efectiva y generalmente están en una posición de desventaja o inferioridad. Este tipo de acoso es prolongado y con la intención de intimidar, controlar mediante contacto físico, agresión y manipulación psicológico.

El Hostigamiento, acoso estudiantil, el llamado "Bullying" en Puerto Rico. Según la Revista "Medicina Y Salud Publica"

De acuerdo a la directora del Programa de Psicología del departamento de Educación en Puerto Rico, Regina Cibes, la obesidad, es uno de los aspectos que más genera "acoso y hostigamiento escolar." Y la importancia de que todos en la comunidad tenemos la "Responsabilidad. Siendo que el acoso es multifactorial, esto incluye: Maestros, profesionales de la salud mental y los padres. Por ejemplo: los padres tenemos o debemos de estar alerta y observar a nuestros niños, cuando regresen de su escuela, teniendo en cuenta estas señales: parecen tristes, se aíslan, evitan contestar preguntas, se enojan fácil con sus hermanos, se retraen, o se retiran de toda clase de comunicación, se ven siempre enojados, no quieren comer, no duermen bien, en las mañanas se niegan ir a la escuela.

Es indispensable abordar esta compleja situación. Sin dudas esta es una responsabilidad de la comunidad educativa, escuelas públicas, padres, maestros y sin duda familiares.

Los padres, en primer lugar, deben de estar sumamente atentos a sus hijos. Ya que algunos niños tienen temor de hablar y decir sus situaciones. Ellos evitan a toda costa acudir a un profesional o adulto en la escuela.

Hay que identificar a la víctima y al victimario. Se deben entrevistar por separado.
Citar a ambos padres a una reunión con las personas encargadas de ayudar con la situación. El Departamento de Educación debe ofrecer talleres a los padres, de Capacitación sobre el acoso escolar.
Después de la pandemia, la salud mental infantil se ha visto afectada por un sin número de problemas —No solo salud mental infantil—pero sí en "general". El estrés, la depresión, ansiedad, miedo, la incertidumbre y

los trastornos de aprendizaje de nuestros estudiantes.

Pensamiento y reflexión

Tengamos en cuenta también, lo que sucede muchas veces en terreno familiar.

En el hogar; la falta de la presencia de uno de los padres, o quizás un padre o una madre violento/a, esto, puede generar un comportamiento agresivo en los adolescentes y aún también en los más pequeños, los cuales están aprendiendo no lo que le dicen que hagan, sino lo que ven a su alrededor.
Las tensiones y la mala organización en el hogar, eso puede también contribuir en gran manera, a que muchos niños tengan conducta agresiva.

Los niños que viven en este tipo de violencia o intimidación, solo aprenden a resolver todo con violencia y cuando ellos están constantemente expuestos a esas situaciones, no tienen conocimiento lo que es "empatía" o compasión por los demás niños ni con nadie. Ellos automáticamente registran esa violencia en su memoria y cuando tengan una oportunidad exteriorizan todo lo que han vivido, usando así ese instrumento para intimidar a los demás, especialmente a los más débiles. Siendo que el más débil también ha sufrido violencia por falta de amor o de atención en el hogar y no saben cómo defenderse. Su estima propia está muy baja o no existe y muchos terminan "suicidándose".

Estos llamados "acosadores" usan la violencia y la burla, como instrumento de intimidación. Ellos creen que ésa forma de actuar es correcta, no se dan cuenta que lo que están haciendo es, compartiendo su propio sufrimiento e inseguridad.

Estos acosadores no saben cómo controlar sus propios impulsos y emociones ni saben distinguir entre lo bueno y lo malo.

Este tipo de acoso, va destruyendo la seguridad, la fuerza, la autoestima, la ilusión, la confianza y la libertad en cualquier niño; por esa razón tanto los padres, como los planteles escolares, familiares, vecinos y amigos deberían de poner más atención e investigar cuando noten a un niño triste y distraído.

Puede que el niño esté sufriendo de algún tipo de acoso y también esté amenazado y no se atreva hablar.

Son miles de niños, quienes dolorosamente han decidido quitarse la vida, porque piensan que no hay esperanza ni salida, lo único es la muerte y así poder liberarse de tanto dolor.

Sabemos que muchos adultos, también son víctimas de este tipo de acoso, humillaciones, abusos y burlas; puede provenir de su propia familia, en la comunidad en que viven o en su propio trabajo. Esto, definitivamente y en gran manera, afecta su autoestima y por orgullo, o vergüenza, no quieren reconocerlo.

Ellos terminan alejándose de sus familiares, mudándose de la comunidad donde viven y en muchas ocasiones renuncian a su propio trabajo.

Hagamos uso de conciencia y ayudémonos unos a otros y así poder ayudar a prevenir esta triste situación, que nos agobia nuestro diario vivir.

"No podemos cambiar el mundo, pero "unidos" con respeto y empatía, podemos hacer de nuestro mundo, "Un Mundo Mejor"

Es muy importante prestarle mucha atención al acoso estudiantil, no solo los padres, sino, también familiares, amigos, maestros y hasta la comunidad en general. Los efectos pueden ser muy graves y afectan la sensación de seguridad y la autoestima de los niños. Según reportes, ha habido casos muy graves que han contribuido a que ocurran más tragedias.

Todos unidos con la mano en el corazón, digamos juntos:

"No al "Bullying, hostigamiento y acoso escolar"

Según las estadísticas

Niños en riesgo de ser acosados / factores de riesgo.

Son percibidos como diferentes del resto de sus compañeros, por ejemplo, niños con sobrepeso o muy delgados.

Niños que usan gafas o ropa distinta.

Niños que son nuevos en la escuela, o no pueden tener

cosas que otros consideran "de moda."

Son vistos como débiles o incapaces de defenderse.

Están deprimidos, sienten ansiedad y su autoestima muy baja.

Son menos populares que otros y tienen pocos amigos.

No se llevan bien con los demás, y son vistos como molestos o provocadores, o antagonizan con otros para llamar la atención.

Si un niño tiene estos factores de riesgo, no siempre significa que será acosado, pero sí pueden tener mayor tendencia a acosar a otros.

Por lo general son agresivos y se frustran con facilidad.

Reciben menos cuidado de parte de sus padres o tienen problemas en el hogar.

Piensan mal de otros.

Tienen dificultades para entender y respetar las reglas.

Ven la violencia como algo positivo.

Tienen amigos que le gusta acosar a otros.

Señales y consejos útiles para ayudar a los niños que son o pueden ser víctimas de acoso y hostigamiento escolar —"bullying". —

A los Padres

Revisar su ropa y el bulto o mochila escolar, antes que se retiren al plantel escolar.

Luego revisarlo de nuevo cuando estén de regreso a la casa.

En una forma muy discreta, buscar si tiene moretones, si alguna pieza de su ropa o uniforme escolar tiene machas o está rota.

Si han perdido un libro, o no aparecen todas sus pertenencias que tenían en el bulto o mochila, antes de salir de su casa. Tales como joyas, dispositivos electrónicos etc.

Dolores de cabeza o estómago, una sensación de inseguridad, o confusión.

Fingir que están enfermos. Debemos asegurarnos si es cierto y tomar las medidas necesarias para ayudarlos.

Cambios de sus hábitos alimenticios, ejemplo. "No tengo hambre."

Muchas veces llegan a la casa con hambre, no han podido almorzar en su escuela, porque han sido acosados en el mismo comedor escolar. Y no se atreven expresarlo por temor a ser investigados por sus padres y multiplicar su dolor.

Dificultad para conciliar el sueño, pesadillas frecuentes en medio de la noche.

Calificaciones bajas, pérdida de interés en las tareas escolares, y hasta se niegan a ir a escuela.

Pérdida repentina de amigos y se niegan a estar en eventos sociales, en su casa o en algún otro lugar.

Se sienten impotentes, que no le importan a nadie, su autoestima completamente destruida.

Comportamiento autodestructivo, tales como escaparse del hogar, autoinfligirse heridas o hablar de suicidio.

¿Por qué estos niños no piden ayuda?

El acoso escolar genera en el niño una sensación de impotencia.

Ellos quieren manejar la situación por su propia cuenta para sentirse nuevamente en control. Ellos temen ser vistos como débiles o chismosos.

Miedo a una represalia de parte de los acosadores. El acoso escolar no deja de ser una experiencia humillante y destructiva entre los más débiles. Ellos evitan a que los adultos los juzguen y terminen castigándolos por ser débiles.

Otras señales muy importantes también, de que tu hijo puede estar acosando a otros en los siguientes casos:

Tienen amigos que acosan a otros.

Cuando se involucran en agresiones físicas o verbales.

Son cada vez más agresivos.

Son enviados con frecuencia a la dirección o a detención.

A veces llegan a la casa con más dinero del que los padres le dieron, o con pertenencias nuevas.

Culpan a otros de sus problemas.

No saben asumir responsabilidad por sus malas acciones.

Son competitivos y se preocupan por su reputación y popularidad.

Piensan que son famosos por su mal comportamiento con el que creen llamar la atención con sus seguidores.

Factores emocionales

Algunos jóvenes que acosan, pueden ser o haber sido víctimas.

Pueden tener sentimientos de inseguridad o muy baja autoestima, por lo cual acosan para sentirse más poderosos.

No entienden, ni comprenden las emociones de los demás, ni conocen lo que es respeto y empatía.

No saben cómo controlar sus propias emociones, por lo que deciden vengarse de los demás, especialmente con los más débiles.

Es posible que no tengan habilidades para manejar situaciones sociales de manera saludable y positiva.

Las siguientes historias, son casos de la vida real, refiriéndonos al "Bullying" o acoso estudiantil y hostigamiento.

1—Historia: El niño llamado Nito

Nito fue víctima de Bullying (acoso o hostigamiento estudiantil) de parte de sus compañeros de clase. Esto sucedió por un largo periodo de tiempo.

A Nito, le faltaba un dedo, y por esa razón se burlaban y abuzaban de él, física y emocionalmente, por lo cual, sufrió de una inmensa depresión; sentía mucho terror contarle a nadie ni siquiera a sus padres.

Al final, terminó salvándole la vida a uno de sus victimarios, o agresores de morir en las ruedas de un camión de carga, enseñándole así, una lección o reflexión de vida. Especialmente a los padres, que cuiden e investiguen a sus hijos sobre dónde están, qué hacen y quiénes son sus amigos.

Tener comunicación con sus maestros y averiguar cómo es su comportamiento en el salón de clases.

Personajes
1- Nito: La víctima; tímido y noble
2-Moni: Jefe del grupo de Bullying; agresivo y cruel
3-Laica: Madre de Nito; muy preocupada por su hijo
4- Motilio: Padre de Nito; preocupado también

5- Doña Dora: La maestra y directora del plantel escolar y madre de Moni

Escuela Intermedia: "Los VIP". Sexto grado: 8:30 AM. 12 estudiantes.

Primera Escena

En el salón de clases, antes de la hora del almuerzo.
{Moni} ¡Mírenlo a él! (dirigiéndose a sus compinches) se cree que es el mejor, con un dedo de menos ...se ríe y todos sus compinches lo siguen.
Nito sabía que se dirigían a él, y lleno de angustia, sale corriendo del salón de clases directo a su casa; y todos se quedan callados.
Doña Dora estaba escribiendo una tarea en la pizarra, luego se situó de frente al grupo y al no ver a Nito, pregunta...
¿Qué pasó con Nito? ¡Se salió del salón sin avisar!
Los acosadores: No...maestra, no sabemos; (todos se miran y una gran parte de ellos con burla.) La maestra ignoró el incidente y prosiguió con la clase sin avisarle a los padres de Nito. Luego termina la clase).

En la casa de Nito

Nito llega muy temprano a su casa, arroja su mochila al piso y se encierra en su dormitorio.

{Laica} La madre, le toca la puerta ... ¿Qué te pasó mijo? ¡llegaste muy temprano...!

{Nito} (Sin abrir la puerta) solo sentí dolor de estómago y me salí.

{Laica} (piensa...) ¡qué raro, no me han llamado de la escuela!) Ven a comer mijo, ella trata de abrir la puerta, (él se niega, pero ella con su autoridad de madre logra entrar en la habitación de su hijo; se sienta en la cama con él, le aguanta las manos con una gran ternura, y le pregunta).

¿Qué te pasó mijo? ¿Por qué no le avisaste a tu maestra?

{Nito} No quise interrumpir mamá.

{Laica} (muy pensativa) tengo que ir al plantel a ver qué está pasando con mi hijo. (luego a la madre se le olvida de ir o llamar a la escuela)

{Laica} Hijo, si continuas así, llamaré a tu doctor, y cuándo llegue tu papá, vamos al médico.

{Nito} ¡No, mamá, yo voy a estar bien! (con cara de preocupado.)

{Laica} Está bien mi hijo, vamos a ver como sigues; si continúas mal, te lleváremos al médico, aunque tú no quieras.

{Nito} (Haciendo muecas, se va a dormir, la mamá lo deja tranquilo. Regresa el padre y pregunta por Nito.

{Motilio} (Dirigiéndose a Laica.) ¿Y Nito, comió?

{Laica} No, no comió, se acostó temprano, dijo que no se sentía bien.

{Motilio} ¿Y qué le pasa?

{Laica} Dice que le duele el estómago un poco, pero no es mucho.

{Motilio} Bueno, tenemos que estar pendientes, por si hay que llevarlo al médico.

Al día siguiente

La madre de Nito viendo en el estado de ánimo de su hijo, decide caminar con él a la escuela—(algunas 3 cuadras de su casa) todos los días, aunque él no quería, la madre volvió usar su autoridad de madre, y él tuvo que aceptar.

En el salón de clases

Nito llega ese día a la escuela con su mamá. Pero aún con mucho miedo, y se dirige a su salón de clases (unos minutos antes de comenzar su clase).

El grupo de los acosadores, "Bulíes" Moni y dos más acosadores estaban en el pasillo hablando en secreto; planeando cómo iban a molestar a Nito ese día.

(comienza la clase y Nito comienza a sentirse mal y pide permiso para ir al baño).

{Nito} Maestra, ¿Puedo ir al baño?

{Doña Dora} Sí, puedes. (él se retira directo hacia el baño.) Al par de minutos...

{Moni} Maestra, ¿Puedo ir al baño? es una emergencia;

con la mano apretándose el estómago, fingiendo que deveras era cierta, su emergencia.

{Doña Dora} Sí, está bien. (Detrás de él, lo siguen otros de los "acosadores" sin que la profesora se percatara de la situación).

Cerca de la puerta del baño se reunió Moni con los otros acosadores esperando que Nito saliera del baño. Nito sale tembloroso.

{Moni} ¡Hey, you! (dirigiéndose a Nito) ¿Dónde tenías ese dedo cuando te lo cortaste? (risas y más risas entre él y sus compinches) ¿Te limpiaste bien con solo los 4 dedos que te quedan? (risas) Se retiran corriendo y entran a salón de clases primero que Nito.

Nito entra tembloroso, a su salón de clases y la maestra sigue escribiendo su materia en la pizarra y no se percata de nada.

Termina la clase.

Nito no espera que nadie se presente a recogerlo y corre y corre y se encuentra con su madre, saliendo de la casa.

{Laica} ¿Qué pasó mijo? ¿Saliste más temprano?

{Nito} No mamá, corrí para llegar primero que tú, para evitarte el viaje.

{Laica} No hagas eso mijo, no estoy trabajando ahora, así que la próxima vez espera por mí.

{Nito} Está bien mamá, (disimulando su agonía) se sentó en la mesa y cenó con sus padres para evitar preguntas, aunque siempre le preguntaron.

{Laica} Y cómo te fue hoy mijo?

{Motilio} (padre) ¡Si, cuéntanos!

[Nito} ¡Muy bien mama!

[Laica} ¿Y tienes tareas?

{Nito} No, no tengo hoy. (se fue a su cuarto, miró un poco televisión y luego se fue a bañar y se acostó a dormir.

Cuarta escena.

Se levantó Nito esa mañana con fiebre y diarreas; los padres lo llevaron al doctor.

Le dieron medicamentos para la diarrea y la fiebre.

Pasó el día acostado, y durmió mejor.

Al día siguiente regresó a la escuela.

Escenario: 8:30 AM. En el pasillo de la escuela.

Moni, dirigiéndose a sus compinches, 'vamos a ver cómo mortificamos a Nito hoy' (risas).

Todos responden que sí, al mismo tiempo. Entraron al salón de clases y todo fue normal.

{Moni} Mmm, que fastidio, no pudimos molestar a Nito hoy.

Al día siguiente:

Nito llegando al plantel escolar ve a Moni y sus cómplices dándole una paliza a un par de estudiantes. Se llena de valor y le grita.

{Nito} ¿Qué hacen? ¡Malditos! ¡No hagan eso!

{Moni} ¡Te voy a matar si dices algo! (los otros cómplices corrieron a esconderse.)

Moni trató de cruzar la calle sin mirar, para darle una paliza a Nito, en ese momento pasaba un camión, a alta velocidad casi al punto de alcanzar a Moni.

Nito corrió hacia el chofer, casi en el medio de la calle —arriesgando su vida— y le gritó al chofer...

{Nito} ¡Cuidado!, el chofer frenó, en medio de un gran susto mientras que Moni, cruzaba al otro lado sano y salvo. El chofer, envuelto en nervios, se aleja del lugar.

Moni, con lágrimas empapándole el rostro se dirige a Nito.

{Moni} ¡Me salvaste la vida! ¿Por qué?

(Nito, con mucho valor, seguridad y firmeza, le contesta):

{Nito} Si, aunque tú me hayas maltratado, por largo tiempo, no tengo intención de hacerte daño, pienso que ahora eres tú quien necesita más ayuda que yo; (poniéndole su dedo pulgar en la frente a Moni, le dice) "Y TE DIGO UNA COSA", --- luego baja la voz y continua con su dedo pulgar en la frente de Moni, le dice, "La próxima vez que intentes acosarme, te juro que me defenderé."

Moni, envuelto en una inmensa tristeza contesta "Perdóname Nito" y lo abraza. (Nito se calma)

{Moni} Te prometo que nunca más volveré a molestarte, ni a ti, ni a nadie.

Caminaron juntos hacia la escuela, acompañados por otros niños, que eran los cómplices de Moni, también le pidieron perdón a Nito y llegaron muy tarde a la escuela. Entran al salón de clases.

Doña Dora, maestra y directora del plantel escolar les dice: ¿Qué está pasando?, ¿Porque tan tarde?

{Moni} Perdóname mamá! Todos se quedan atónitos, nadie sabía que Doña Dora era la mamá de Moni. Ella siempre salía primero de la casa, hacia el plantel y luego salía Moni.

Nito, dirigiéndose a Moni: ¿Tú mama?, Nunca nos dijiste nada...!

{Moni} "Eso me pidió mi mamá" ...y dirigiéndose a su madre; perdóname Mamá, yo era el acosador del plantel, pero estoy sumamente arrepentido.

Nito me dio una lección de vida, me salvó de morir debajo en las ruedas de un camión.

{Nito} Así fue Señora. (doña Dora, muy conmovida, le pidió disculpas a Nito y se dirigió hacia su oficina con su hijo; perdóname hijo, por no haber sido más cuidadosa contigo.

En la casa se te van a suspender la mayoría de los privilegios que tenías, para que aprendas la lección y sepas respetar a los demás. Se digirió a su oficina, y se decidió, que fuera suspendido por 2 semanas.

Se convocó una reunión entre padres y maestros, donde se discutieron diferentes temas de ayuda, y así tanto los padres como los maestros estuvieran más atentos a sus hijos y alumnos. Acordaron poner un rótulo al frente la escuela que decía: «Libre de hostigamiento o acoso estudiantil, "bullying"

....

Moraleja: No le hagas a nadie, lo que no te gustaría que te hicieran a ti, o a un ser querido, piensa antes de hablar, o hacerles daño a otros. No todo lo que se piensa, o te cuentan tiene que ser cierto. La vida da sorpresas y cuando menos lo creas, te puedes encontrar en la necesidad de ir por ayuda a la persona que más le hiciste daño.

....

2-Historia: La niña negra

Oriunda de África, llamada Nachi. (colaboración de la historia por: Adán Santiago Irizarry) Maestro de escuela Intermedia.

Un miembro de la familia la trajo de África a EE. UU, donde vivían sus padres. Los padres de Nachi, eran personas muy ocupadas, siempre buscando como sobrevivir en un mundo lleno de tantas necesidades y sobre todo, una sociedad llena de discriminación, donde el maltrato humano no tiene límites.

Se desprecia y se abusa a las personas por el hecho de ser diferentes; tales como raza, sexo, ideas políticas, religión, y pobreza etc.

Por naturaleza, somos seres únicos y deferentes en todos los sentidos, y si nos consideramos personas cultas, no solo por títulos u otros reconocimientos, sino por saber bregar, y entender la humanidad y trabajar con ella con respeto y empatía; de esa forma nuestro Mundo se convertiría en un "Mundo Mejor".

En el caso de Nachi, estos padres, por sus responsabilidades diarias, no se daban cuenta que su hija se sentía sola y abandonada.

Al ingreso a la escuela intermedia; allí comenzó su agonía mental y emocional, porque era ella la única estu-

[31]

diante de raza negra, en esa clase.

Nachi se sentía rechazada por todos, nadie quería hablar con ella, y cuando ella se acercaba a uno de sus compañeros de clase, ellos se movían de su lado haciendo muecas de desprecio y eso la llenaba de temor y caminaba confundida y atemorizada por los pasillos de la escuela. No se atrevía a quejarse con nadie por temor a represalias.

Un día sentía terror a entrar a su salón de clases y se quedó escondida detrás de una cabina telefónica que se encontraba a la entrada del plantel escolar.

Según iban entrando los estudiantes y otros empleados del local, la miraban con desprecio solo porque era una estudiante de raza negra.

Casi caminaba arrastrada y al ser descubierta, sufrió una enorme y triste experiencia, pero al final, terminó perdonando y haciendo buenos amigos, a pesar del daño que le hicieron.

Personajes:

Nachi: La víctima, la niña negra.

Gigi: Una niña tranquila y cariñosa.

Diego: Un niño que también sufría de acoso escolar por su exceso de peso, a él no le importaba nada, se reía de ellos y muchas veces los contraatacaba, y los corría por los pasillos del plantel.

Mateo: Acosador, pero con un poco de empatía.

Mauro : Acosador, se burlaba y se reía de todos.
Javier : Amable
Bruno : Amable y empático
Pablo: Acosador.

Primera escena.

Escenario: En frente de la escuela.

Una mañana fría y ventosa.
Nachi, caminaba angustiada y nerviosa, pero decidida a entrar a su escuela.
Se preguntaba... ¿Habrá alguien cerca de mí, que no le importe que yo sea una estudiante negra? Mmm, parece que no.
Gigi, al ver a Nachi tan nerviosa se le acerca y le dice... Hola, ¿Qué te sucede? ¿Porque tan nerviosa?
(Nachi no contesta, se aterroriza al verse descubierta por los demás estudiantes que además muchos de ellos eran acosadores o "bullies."
De repente, Mauro y Pablo se balancean sobre ella gritándole ¡Ébola!, ¡Ébola!, comparándola con una enfermedad contagiosa o un virus contagioso y desagradable, y le gritan, "Vete de aquí, eres negra, apestosa y fea y nos traerás mala suerte, no te queremos cerca de nosotros"
Nachi: "¡No! ¡déjenme tranquila, solo deseo entrar a mi salón de clases!"

Luego Mateo alcanza a ver el ataque hacia Nachi (se olvida que él también le gustaba reírse y molestar a otros estudiantes cuando le caían mal, pero en esos momentos sintió una gran empatía por ella, corre y se balancea sobre ellos.

Gritándoles ¿QUE HACEN? ¡DÉJENLA TRANQUILA, NO SEAN CRUELES! ¿PORQUE ES "NEGRITA" LA DISCRIMINAN? (Sigue gritando furioso,) "EL COLOR NO IMPORTA, TODOS SOMOS SERES HUMANOS, Y NOS MERECEMOS RESPETO Y EMPATÍA LOS UNOS CON LOS OTROS.

MUCHAS VECES, A LO LARGO DE NUESTRA EXISTENCIA, NOS TOPAMOS CON PERSONAS INGRATAS, QUE NO SABEN CÓMO TRATAR A LOS DEMÁS, E INFILTRARLE MIEDO E INSEGURIDAD. LO QUE NOS PUEDE DAÑAR POR EL RESTO DE NUESTRA EXISTENCIA.

Mateo sigue hablando a gritos, frente a todos los que lo podían escuchar; y así envuelto en una inmensa tristeza y arrepentimiento por haber sido otro de los acosadores en su propia escuela.

Hoy, frente a todos ustedes, me siento sumamente orgulloso de decirle "NO AL BULLYING," = Hostigamiento y acoso estudiantil y no estudiantil.

"De hoy en adelante voy estar muy pendiente a los acosadores o bullíes en nuestra escuela.

"Les enseñaré una lección de vida, de lo que es empatía, la consideración y el respeto, que le debemos a los demás."

Todos bajaron la cabeza con mucha tristeza y los que

eran los acosadores —bullíes— se sintieron muy mal.
Y conmovidos, mostraron un sin número de emociones
mixtas, de las cuales aprendieron una gran lección o reflexión de amor y respeto hacia los demás, no importa
de donde vengan o a que grupo étnico pertenezcan.
Terminaron cantando unidos "Perdóname" envueltos
en una enorme alegría. Luego apareció Diego, con cara
de, "no me importa" se sentó cerca de ellos, terminó
cantando en el grupo. Y Nachi termino siendo aceptada
por todos y pudo contrarrestar sus miedos o complejos
de ser de raza negra.

3- Historia: La niña autista

La "Valentía" de una madre para enseñarle a su hijo, sobre el dolor que puede causar y las consecuencias al hacerle daño a los demás, y el "Descuido" de otra madre quien pudo haber evitado el sufrimiento de su hija especial, "Autista"

Esta niña autista, que se llamaba Sophie, quien le gustaba jugar tratando de subirse a los árboles, ese ejercicio la hacía sentir relajada. Muchas veces lo hacía sola y otras acompañada de su mamá, quien la observaba desde muy cerca con mucho amor y paciencia.

Un día, Sophie aprovechó que su mamá estaba hablando por teléfono y se fue sola a la escuela, y así poder hacer todas las travesuras que a ella le gustaba hacer; subirse al árbol, donde siempre acostumbraba subirse, y luego caminar sola hacia la escuela, la que no estaba muy lejos de su casa. Cuando la madre se da cuenta, comienza a preocuparse, pero piensa que ya Sophie debía estar en su escuela (ya ella lo había hecho antes) y deja de preocuparse, pero en ese momento reaccionó y decidió llamar a la escuela donde le informaron que la niña había llegado bien al salón de clases.

Personajes

1-Sophie: La niña Autista (La víctima.) Muchas veces pasiva y otras agresiva.

2-Tricia: Madre de Sophie (madre soltera)

3-Rodrigo: El bullie, (acosador, agresivo y burlón)

4-Bambi: Hermana de Rodrigo

5-Tatiana: La madre de Rodrigo y Bambi. (muy preocupada por la actitud de su hijo)

6- Doña Inés: La principal de la escuela, (activa y alerta).

Escuela Elemental.

Escenario:

Camino hacia la escuela, muchos árboles en ambos lados del camino. Tatiana caminaba con sus dos hijos, Rodrigo y su hija Bambi, para dejarlos en su escuela. De momento se encuentran con Sophie quien estaba tratando de subirse a su árbol preferido.

{Rodrigo} Mira mamá esa loca, ¡es una idiota!, tratando de subirse al árbol, ¿Qué le sucede? (con su risa de malvado) ¡La quiero empujar para que se caiga al piso y se rompa los huesos por tonta!!

Su madre Tatiana, lo detiene por un brazo y le dice: "Ni te atrevas, yo conozco a esa niña, es una niña autista, muy dulce y muy especial y hasta podía ser tu amiga.

"Recuerda que tú también tienes una hermanita especial, no lo olvides, ¿Me entiendes? "Su mamá Doña Tricia siempre la camina hacia la escuela, no sé qué pasó hoy, que no lo hizo (era la primera vez, que ellos seguían el mismo camino que Sophie y su mamá para llegar a la escuela).

Rodrigo, moviendo la cabeza, virando los ojos y gruñendo, trata de fingir que estaba de acuerdo con su mamá, mientras que su hermana Bambi, escuchaba muy calladita.

Sophie se va corriendo y llega a la escuela primero que ellos. Llegan a la escuela la madre los deja y se dirige a su casa. Y en el pasillo de la escuela, Rodrigo ve a Sophie dirigiéndose al salón de clases especiales donde su hermana Bambi también asistía. Mirándola con burla, mmn... tengo que hacer algo para molestarla.
Termina la clase y ese día Rodrigo y su hermana Bambi tenían que caminar solos a su casa.

Él hizo planes para molestar a Sophie cuando ella caminara a su casa, de momento frente a la escuela se da cuenta que la mamá de Sophie se acerca a recogerla.

¡Qué fastidio! —dice Rodrigo— ¡que la van a recoger hoy!
{Tricia} Mija, no vuelvas a caminar sola, como hiciste ayer, espera siempre por mí, yo llamé a la escuela y me dijeron que llegaste bien.
{Sophie} ¡¡Mama!, ¡tú estabas muy ocupada en el te-

léfono!!

{Tricia} De todos modos me hubieras esperado.

{Sophie} Si mamá, (pero no le dijo el susto que pasó con Rodrigo, quien la quiso atacar ese día.)

Ese día, la mamá de Rodrigo, no pudo recogerlos, y él caminó a su casa con su hermana Bambi. Luego que llegan a la casa, Rodrigo se encierra en su cuarto, a hablar por teléfono.

{Tatiana} ¿Qué estará planeando éste? (la madre se acerca a la puerta y lo escucha haciendo planes, para molestar a Sophie.

{Tatiana} ¡Esto, no puede ser, ¡mi hijooo! No y No.

Después de la cena se retiran a sus recámaras, pero ella no podía conciliar el sueño y hace un plan. "Tengo que darle una lección de respeto y empatía a mi hijo"

Al siguiente día: En la mesa del comedor de la familia.

{Tatiana} Rodrigo, hoy tienen que caminar solos a la escuela, hoy tampoco los puedo acompañar, cuida bien a tu hermana, ¿está bien?

(Rodrigo con cara de satisfacción y maldad) "Sí, mamá claro que sí."

Se dirigen a la escuela, y Tatiana llama inmediatamente a la Oficina de la Principal y pide hablar con Doña Inés.

{Tatiana} ¡Buenos Días ¿Puedo hablar con la señora Doña Inés?

(Doña Inés contesta el teléfono) ¡Buenos días! Ella habla ¿En que la podemos ayudar?

{Tatiana} Buenos días, soy la mamá de Rodrigo, y me da mucha tristeza tener que consultar esto con usted. Quiero enseñarle a mi hijo una lección de respeto y empatía hacia los demás.

{Doña Inés {Si, dígame Doña Tatiana ¿De qué se trata?

{Doña Tatiana} Anoche escuché a mi hijo decirle a alguien por teléfono, que quería molestar a Sophie, la niña autista, cuando llegara hoy a la escuela. Yo los envié más temprano para la escuela, y quiero llegar antes que ellos para evitar que le hagan daño a la niña, creo que hay alguien más envuelto, no pude escuchar bien la conversación de anoche.

Doña Inés, se pone de pie muy sorprendida y dice; ¿Y cómo le hacemos?

{Doña Tatiana} Voy a llegar primero que ellos; me esconderé detrás del árbol frondoso que está frente al patio de la entrada de la escuela, usted me espera allí sin que nadie se dé cuenta.

Doña Inés (asombrada) ¡Sí, sí, así lo haré Señora Tatiana! "Esto no puede pasar en mi escuela, ¡Dios mío!"

Escenario: Frente al patio de la escuela, un hermoso árbol adorna el lugar. 8: AM.

Doña Inés, (la principal de la escuela) con mucha cautela se esconde detrás del árbol asignado; luego llega Doña Tatiana, la madre de Rodrigo, y se encuentran —como lo acordado por ambas— y siguen en su escondite.

Ellas querían saber si Rodrigo se iba a atrever a hacer lo

que había dicho la noche anterior) Bambi, la hermana de Rodrigo, quien también era una niña autista, se peinaba igual que Sophie, "con cola de caballo" y usaban el mismo uniforme, y claro, asistían a la misma escuela.

Luego va pasando Bambi y seguido Sophie, que se dirigían directo a su escuela. Inmediatamente, Rodrigo y sus compinches brincan sobre la espalda de la que ellos creían que era Sophie, y por error atacan la niña equivocada.

Confundieron a Sophie con Bambi y le dieron una tremenda paliza a Bambi.

Doña Inés y Doña Tatiana corrieron a socorrerla, pero ya era muy tarde, no tuvieron otra alternativa que llamar las autoridades, quienes se llevaron al jefe de los bullies, que era Rodrigo.

Los demás compinches fueron también suspendidos del plantel escolar. Luego de estar unas horas detenidos, los padres los fueron a recoger y se tuvieron que quedar en la casa por una semana.

Ciertos privilegios les fueron suspendidos; no visitas de sus amigos, ni llamadas telefónicas. Sufrieron mucho en ese encierro.

Dos semanas después, durante ese tiempo, la mamá de Rodrigo, Tatiana muere, él y su hermana Bambi quedan con una inmensa tristeza, luego terminan siendo adoptados.

En honor a ella, Rodrigo, reunió a todos sus amigos, los cuales algunos de ellos, también habían sido "bullíes" y ya estaban arrepentidos. Los invitó a un encuentro con amigos del pasado y recoge a Sophie, su hermana Bambi, Diego, Pablo, y a Gigi y todos juntos se dirigen hacia el Bosque "El Colibrí", donde muchos de ellos acostumbraban reunirse a competir corriendo por el bosque y siguieron buscando sus otros amigos; Mateo, Mauro, Bruno y Javier.

La mayor parte de ellos habían sido adoptados por una pareja, Edam y Lisandra, quienes tenían una casa enorme y se dedicaban a adoptar niños que vivían en albergues, centros de adopción, y a otros que por alguna razón se habían escapado de la casa. Resulta, que los adoptivos se habían escapado de su casa por unos días. En esa reunión hubo chistes y muchas risas. Luego Rodrigo se aleja del grupo por unos minutos muy pensativo y luego regresa al grupo con una nueva idea.

Rodrigo se acerca a ellos y pide "Su atención por favor" En honor a mi madre Tatiana, quien todo lo dio por nosotros, y aún, sin ser la madre de todos, nos cuidó y nos amó con todo el corazón, de vez en cuando nos regañó, para enseñarnos a amarnos los unos a los otros.

Ella siempre nos enseñó, que muchas personas que adoptan, también pueden ser buenos amigos y que busquemos de ellos. Yo me porté mal algunas veces, y terminé siendo adoptado, me fugué de la casa, y quisiera regresar.

Pero ahora, antes de regresar, vamos a averiguar la opinión de otros, a ver qué nos dicen de eso, "disque" Bullying. Rodrigo frente a todos hundido en una inmensa alegría dice ¿Regresamos a casa?

Todos gritan, ¡Síiii!

{Sophie y Bambi} Hace tiempo que no vamos a casa, nuestros padres adoptivos deben de estar muy preocupados por nosotros, pero primero vamos a pasar por aquella casa tan linda que vimos el otro día. (la casa era de sus padres adoptivos, pero no se le parecía, porque la habían remodelado y se veía muy diferente, pero ellos no lo sabían, y se confundieron.)

Vamos a ver quién nos abre la puerta, porque estoy segura que nuestros padres adoptivos no nos quieren de regreso, y si fuera así, quizás "estos" nos podrían adoptar". ¿De acuerdo? ¡Síiiii!, dicen todos.

De regreso a casa

Personajes:

1-Rodrigo: Adoptado y acosador.

2-Sophie : La niña autista (adoptada)

3-Bambi: Adoptada, hermana de Rodrigo

4-Diego: Adoptado

5-Pablo: Adoptado

6-Mateo: Adoptado

7-Mauro: Adoptado

8-Bruno: Adoptado

9-Javier: Adoptado

Padres adoptivos

1-Lisandra

2-Edam

Rodrigo toca la puerta con mucha insistencia.

Se presenta una señora, ¡¡Doña Lisandra, enrollando una toalla mojada para caerle a golpes a quien fuera, cuando los ve......!!Quéeeee!! ¡Todos se quedan petrificados! ¡Esa es nuestra madre adoptiva!!!!! Todos se agrupan con reverencia y Doña Lisandra llama a Edam y le dice, aquí están los bandidos, estos malagradecidos que nos abandonaron por tanto tiempo ¡Aaaah y no vienen solos, traen compañía!

{Edam} ¡Chorro de mal agradecidos! Ya íbamos a reportar su desaparición. Los estábamos esperando, suban, tenemos mucho de qué hablar.

Todos en reverencia y muertos del miedo suben. Rodrigo pide perdón por todos y ellos le cuentan todos los problemas que habían pasado, por algunos de ellos haberse convertido en "bullying" (hostigadores), y abandonar la casa.

{Edam} Sufrimos mucho por su ausencia, no los reportamos enseguida, pensamos que habían regresado a sus lugares de donde estaban antes, y no queríamos que fueran castigados, pero ya estábamos pensando hacerlo.

Por esa razón hicimos algunos cambios en frente de la casa para desviarlos, si por casualidad decidían regresar, pero cayeron en la "trampa" y regresaron a su propia casa sin darse cuenta.

Queríamos que aprendieran una lección de ser amables y respetarse unos a otros, aunque crean que lo saben todo, le vamos a seguir enseñando a quererse y respetarse los unos con los otros.

Muy en especial a esos, --- y mira directo a los que habían sido "bullying" —o acosadores escolares; ellos se miran unos a otros y bajan la cabeza, avergonzados.

Edam: ¿Tienen hambre?

Todos, ¡Síii!

Lisandra: ¡A bañarse primero!

Todos se miran y ella les avisa, uno por uno, siguiendo

el orden, como debe ser, tomando turnos.

Un día, estos padres adoptivos; Edam y su esposa Lisandra se levantan muy contentos, y felices al ver que sus hijos adoptivos se estaban portando bien y ya habían aprendido sobre el amor, respeto y empatía hacia los demás. Le anunciaron que tendrían una fiesta para celebrar sus logros Todos saltaron de alegría.

....

Colaboraron:

1. —Adán Santiago Irizarry: Maestro de Escuela Elemental—Hermano de la autora
2. —Bombero: Jairo A. Soto Santiago— Hijo de la autora y padre de Jordan.

....

Comentarios: 6-20-2017

- **Niño: 11 años de edad. Nombre: Anónimo.**

"Yo, creo que el "bullying" está mal, pero a veces los acosadores tienen algo mal en su mente y no se dan cuenta de que ellos también sufren."

- **Niña: 5 años de edad. Nombre: Anónimo.**

"Acoso o bullying es, para mí, cuando me empujan, me tratan de morder, hablar mal de mí, hacerme bromas ofensivas y a veces no me dejan jugar con los juguetes en la guardería o en la oficina de mi doctor."

- **Madre Soltera: 34 años de edad: Nombre: Anónimo.**

"La intimidación" es un tema delicado para hablar. Bueno, para mí lo es. He sido intimidada por tanto tiempo hasta dónde puedo recordar. Lo más temprano que puedo volver mi memoria, es en mis días de escuela primaria. Yo era muy joven, al igual que mis dos otros hermanos, un hermano y una hermana, yo era y soy la mayor de los tres.

Nos mudamos a otro pueblo, y al cambiarme de escuela sentí mucho miedo, el primer día, llegué muy asustada, como yo era una estudiante nueva, de primer grado. Sentía que no pertenecía a esa escuela ni mucho menos a ese salón de clases, nadie quería ser mi amigo/a. Me sentía sola y triste y lo único que podía hacer era lo que mis maestros me indicaran. Recuerdo que siempre me sentía triste y sola, solo quería que alguien me hablara. Ese año simplemente pasó y nada cambió.

El próximo año fui al segundo grado. Nunca olvidaré cuando me metí en problemas por defenderme de un acosador. Seguí llorando y no podía entender lo que me estaba sucediendo.

Estoy agradecida por ese día porque conocí a una persona muy importante.

Fue un maestro que todos lo respetaban y lo querían mucho. Él ayudaba mucho a los estudiantes con problemas de aprendizaje.

Él fue 'único', en todos los sentidos. Él me ayudó a superar el acoso hasta el 5° grado. Él me llamaba su «pequeño tigre».

Lamentablemente, no pudo salvarme en la escuela intermedia o secundaria. Mi salud mental y psicológica empeoró con el tiempo. Cuando fui a la escuela intermedia, me convertí en la «mascota del profesor». Otros niños odiaban la forma en que los maestros me alababan.

Me metían en los casilleros, me empujaban escaleras abajo, me llamaron por nombres desagradables. Comenzaron rumores sobre mí. Incluso hacían que los que los demás niños fingieran ser mis amigos para que pudieran burlarse de mí un poco más.

Mi inocencia de niña comenzó a desvanecerse, mi espíritu comenzó a romperse. Empecé a sentirme una niña perdida. Poco sabía que mis años de escuela secundaria no iban a ser mejores. Siempre fui una niña deprimida y ansiosa. Entonces, solo puedes adivinar cómo era cuando fui adolescente. Yo era una persona tímida, incluso cuando niña. Solo gané algunos amigos por esto. Lo que pasé en la escuela secundaria empeoró mi depresión. Mis experiencias me hicieron huir y tener esa sensación de querer suicidarme.

Seguía sintiendo que no había forma de salir de este mundo infernal. Apuesto a que te estás preguntando cómo soy ahora, como adulta. Digamos que, si no fuera por mis 4 hermosos hijos, yo no estaría aquí. Lucho con mis demonios mentales y emocionales todos los días solo por ellos. Ellos me dan la fuerza para vivir. Ellos me muestran lo que es el verdadero amor. No se preocupen por mí, estaré bien.

Continuaré luchando. Ahora, voy a terminar mi historia con esto. Si estás intimidando a alguien recuerda esto, las palabras duelen tanto como golpear a alguien.

Por favor, para, y piensa en esa persona. Usted terminará siendo responsable de su vida. Si te están intimidando, escucha mis palabras. Hay una salida, contra-ataca, corre, háblale a alguien que pueda escucharte y ayudarte. Los acosadores no valen la pena tu vida.

Fin
12-12-2023

Sobre la autora

Su nombre es Milagros Santiago Irizarry. Es puertorriqueña. Actualmente reside en el Estado de New Jersey, Estados Unidos. Nació en un barrio humilde llamado "El Saltillo", de Adjuntas, P.R.

Viajó a los Estados Unidos allá para mediados del año 1968; en busca de un mejor porvenir, no solo para sí misma, sino para su madre y sus hermanos; por lo que se siente muy satisfecha.

Es madre de tres hermosos hijos, un varón y dos hembras. Actualmente disfruta (Además de ser madre) de la dicha de ser abuela y bisabuela.

A los 21 años de casada se divorció, por "Incompatibilidad de Caracteres"

Aquí logró estudios Universitarios, en el Colegio, Essex County Collage, de Newark NJ. Las Universidades de

Rodgers y Berkley en el estado de NJ.

Obtuvo un título en Psicología y Trabajo Social.
Actualmente está disfrutando de su retiro. Su último trabajo fue en la Corte Superior de New Jersey, allí trabajó por 19 años como Investigadora de "Manutención Alimenticia" y como Oficial de Probatoria, bajo el mismo departamento.

Es aficionada a la literatura creativa; poesía y cualquier otro medio de expresión artística o comunicativa.

Su primer libro fue un poemario titulado: "*Poemas y más..., pensando en ti mamá*", en ambos idiomas, español e inglés; fue oficialmente publicado en mayo de 2013.

Ha participado en Festivales de certámenes; encuentros literarios de poesía y narrativa, en los siguientes lugares:

1: Asociación Latino Americana De Cultura. A.L.A.C Paterson, NJ. "Mención Honrosa"

Poemas:
1. *Quién será mama*, 2004.
- *Aquí estoy papá* (segundo premio en   poesía, 2005)

2: Festival de la Canción Latinoamericana de Cultura de California. 2009 "Diploma de Excelencia."
Poema:

- *Cuando los hijos se van.*

3: "Festí" Vegas Internacional, 2009 "Diplomas de Excelencia"

Poemas:

- *Con los ángeles del cielo*
- *Pensando en ti mamá*
- *Ámame pacientemente* [Dedicado a los niños especiales, autistas y otros.]

En el mes de diciembre, día 7, 2023, escribió una canción titulada: "*Perdónenme*" donde los acosadores les piden perdón a sus víctimas, dedicada a los niños que sufren de hostigamiento y acoso escolar, "Bullying" de parte de los acosadores, titulada:

"Perdónenme"

Ya no somos aquellos muchachos
Quienes te hacían sentir inferior
Queremos que seamos amigos
En busca de un mundo mejor

Tendremos por siempre un espacio

Aquí ...en nuestro corazón
Para darnos con mucha ternura
Amor, respeto y consideración

Seremos hermanos del alma
Y queremos pedirles perdón
¡Perdón mil veces, perdón!
Es por lo que nuestro corazón
de amor y dolor se derrama

Nadie conoció la historia
que nos hizo portarnos tan mal
Hoy queremos que aquí, frente a todos
nos miren directo a los ojos
Y verán tristeza y dolor
Que será por siempre borrada
Si ustedes nos dan su perdón.

Le encanta el teatro; participó en el "Teatro Valentín"
en New Jersey, donde tuvo algunas actuaciones escéni-
cas. Ella seguirá siempre siendo la misma persona, llena de empatía, y un tanto de humildad, rebosante de
respeto y consideración hacia los demás.

Índice

Esta primera edición de
El doloroso hostigamiento
***o acoso escolar "Bullying"*,**
de Milagros Santiago Irizarry
se terminó de imprimir
en octubre de 2025.

Publicado en los Estados Unidos de América por

Obsidiana Press
www.obsidianapress.com
www.obsidianapress.com
www.publicatulibro.eu

obsidianapress@gmail.com

www.ingramcontent.com/pod-product-compliance
Lightning Source LLC
Chambersburg PA
CBHW032218040426
42449CB00005B/655